विसंगति
संवाद

डेविड रैंडोल्फ काल्डवेल

विसंगति संवाद

डेविड रैंडोल्फ काल्डवेल

कार्टा और चॉकलेट प्रकाशन, एलएलसी

द एनोमली डायलॉगिस्ट

कार्टा एंड चॉकलेट पब्लिशिंग, एलएलसी का मूल प्रकाशन, हिस्टोरिया विविफाई एक्सियोमेटिक, एलएलसी की सहायक कंपनी।

कार्टा और चॉकलेट प्रकाशन, एलएलसी।

आईएसबीएन:
कवर आर्ट डायरेक्शन और डिजाइन Bfantasma द्वारा
डी. माइकल्स कैंपबेल द्वारा संपादित।

मन कुछ के लिए एक उदार वस्तु है, नहीं

सेवा में, सभी ग्। लेकिन मुझे सक्षम होने के लिए ईमानदार होने दें

मैंने चेरी से कुछ शब्द उठाए हैं

कोई क्या करेगा, इसके लिए रचनात्मक रूप से बातचीत करने के लिए
आकाश

हाईबॉय प्लेट के रूप में वर्णन करें और फिर आगे बढ़ें

इसे परोसें... .कच्चा।

दुनिया के लिए अन्य लोगों की संतृप्ति को घटाएं

राय वास्तव में मुझे लाक्षणिक रूप से, अनिवार्य रूप से छोड़ देती है

उच्च।

https://linkr.bio/carta_chocolate_pu

उस एक आदमी के लिए जिसने मुझे सिखाया है कि तुम

अपने हर फैसले की पूरी जिम्मेदारी लें

निर्माण। भले ही आपको पूरा यकीन हो

जवाब...बोलने से पहले सोचें*!!!*

पैटर मीस डैनियल वेबस्टर कैंपबेल जूनियर।

लिंकन

ताकतवर अच्छी सीटें मुझे और मिसस को इसके लिए यहां मिलीं,
प्रदर्शन

देश के पुनर्निर्माण के लिए जो पैसा लगेगा वह होगा
विशाल

बाद में मुझे अपने उपाध्यक्ष एंड्रयू से बात करने की आवश्यकता है
जॉनसन दक्षिण के बारे में

मेरे वकील के वर्ष बहुत आसान थे, यह सब आवश्यक था
मेरे लिए अपना मुंह खोलने के लिए था

वहाँ नीचे कितना शानदार संगीत बजाया जा रहा है

मेरे राष्ट्रपति पद के परिणामस्वरूप युद्ध, दुख, खेद और मृत्यु हुई
एक देश के रूप में यह एक बोझ है जिसे हम सभी साझा करेंगे

कल्पना कीजिए कि अगर मैं एक राजनेता के बजाय एक किसान होता, तो अधिकांश
करने के लिए महत्वपूर्ण बात एक पेड़ को हटाना है

अरे यहाँ क्या हो रहा है, यह बाईं ओर का शोर क्या है
मुझे

लिंकन पर मेरे विचार

मेरे दिमाग में सबसे पहले राजनीतिक आत्महत्या का ख्याल आया

जब मैंने इसे पहली बार पढ़ा। एक युवा कांग्रेसी जो अभी *40* साल का नहीं हुआ है, फैसला करता है

(बल्कि सार्वजनिक रूप से) एक मौजूदा राष्ट्रपति का विरोध करने के लिए। दोष लगाना

मैक्सिकन युद्ध के लिए राष्ट्रपति जेम्स पोल्क बोल्ड थे।

जिले में दासप्रथा को समाप्त करने के लिए कानून का मसौदा तैयार करना

1849 में कोलंबिया ने साहस दिखाया। वह चौंक नहीं गया

अभी तक केवल एक कार्यकाल (या तो पसंद या संयोग से) परोसा गया

अपने दृढ़ विश्वासों के कारण अपने साथियों द्वारा हेय दृष्टि से देखा जाता था।

एक बुद्धिमान व्यक्ति ने जीवन में अपनी पहली वास्तविक हार दी लेकिन यह

आपको एक बात बताता है कि उसकी तरह... हम हार सकते हैं

एक बार किसी के लक्ष्य का पीछा करते हुए लेकिन अवसर दिया

...आप विडंबना की एक ऊंची कुर्सी पर बैठने के लिए उठ सकते हैं

जीवन विकल्प।

11 विसंगति संवाद

प्रिय जेन ऑस्टेन

मैं आपके बारे में सोच रहा हूं और जब हमने आखिरी बार बात की थी, तो ऐसा नहीं है
आपके और आपकी शारीरिकता के बारे में, छोटे कंधे की लंबाई डार्क बाल, हेज़ल आंखें जो आपके मूड के साथ रंग बदलती हैं, ***5'2*** इंच आकार

मुझे आश्चर्य है कि आप हमारे पिछले पृष्ठ को बदलने की प्रक्रिया कैसे करते हैं,
इस तरह के अनुनय के साथ अनिवार्य रूप से एक तरफा बातचीत,
यह शायद आपकी मानसिकता का संकेत है जो हमेशा होता है
मुझे आकर्षित किया

जेन वर्णानुक्रम में बोलते हुए यह आपका शुष्क हास्य और उत्साह है
एक उचित मुद्रा के साथ आकर्षक प्रकृति, आपके प्रति सचेत
परिवेश जिसने मुझे हमेशा गर्व की अनुभूति दी है

आप जहां कहीं भी कहते हैं, मैं उसके बारे में कैसा महसूस करता हूं, इसके संपर्क में रहने के लिए
कभी-कभी हम *(*मैं मूक, आप कामुक संवाद के माध्यम से*)*
एक पार्क में हवा के झोंकों की तरह बातचीत करें

मैं यह घोषणा करने का साहस करता हूं कि आप मेरी आत्मा को
भावनात्मक रूप से जकड़ लेते हैं, बेहोश हो जाते हैं
मंत्र सजावट का हिस्सा हैं, अंत में आंसू गिर जाते हैं
& लाक्षणिक रूप से मैं होश खो देता हूं

मुझे एम्मा और एबी की वे बातें याद आती हैं जिनमें आप शामिल होते थे,
जेन ऑस्टेन ने कमरे में प्रवेश किया
भवदीय आपका, गुमनाम

डेविड रैंडोल्फ काल्डवेल   *12*

मिस्टर डार्सी की डायरी

मुझे लगता है कि हमें खासतौर पर पूरी शाम डांस करना चाहिए
आधी रात को, सुन, जैसा मैं हृदय से कहता हूं

श्रीमान की डायरी में लिखा सौभाग्य का शास्त्र।
डार्सी

मालिश चिकित्सा (वर्णमाला प्रकार की) बहुत धीरे-धीरे लागू होती है
जैसा कि मैं उन शब्दों को फुसफुसाता हूं जो मेल खाते हैं

की डायरी में हकदार के संयुक्त विचार
मिस्टर डार्सी

हमारे बीच के क्षण, हम अपने होठों को एक पर अभिसरित होने देते हैं
दूसरा सावधानी के साथ

सही के वाक्यों को श्रीमान की डायरी में लिखा गया है।
डार्सी

मैं आपको सुने बिना सुखद क्षण की कल्पना नहीं कर सकता
बोलना

मुग्ध के शब्द की डायरी के भीतर ऊंचा
मिस्टर डार्सी

जेकेएफ़

मैं एक विशेषाधिकार प्राप्त शिक्षा अर्जित करने की कोशिश कर रहा एक
लड़का हूं

आयरिश अमेरिकी, दूसरों की नजरों में मूक माने जाने के लिए उठाया गया

मैं पिछले दुष्कर्मों से जो सीखता हूं वह मानवीय संबंधों में मदद करेगा

एक मिनट रुकिए मैं फिर से शुरू करता हूं

1960 का दशक ऐसे शुरू हुआ जैसे एक मेमने को वध के लिए ले जाया जा
रहा हो

जैसे ही हम ऊँट के भीतर पहुँचते हैं अपने आप को ताजी हवा में लेने दें

संभावित परमाणु युद्ध, कास्त्रो, बे ऑफ पिग्स, मानवाधिकार की जरूरतें
व्यवस्थित करने के लिए

नवंबर आओ देश में, कुछ देर के भीतर उबाल आ जाएगा
अमेरिकी पिघलने वाला बर्तन

समय आ जाएगा थमने का, क्या किस्मत है हमारी

मेरे हाथ से, मेरे मन से, क्या बनना है
संयुक्त राज्य अमेरिका

डेविड रैंडोल्फ काल्डवेल

14

जेएफके पर मेरे विचार

एक समय था जब मेरी माँ और तुम्हारी माँ ने अपना अंतर्मन खो दिया था

अपने मन की बात कहने के लिए आवाजें। एक क्षण ऐसा आया जब मेरे पिता

साथ ही तुम्हारी आँखों में अब किसी प्रकार की आशा की चमक नहीं रही

जीवन से संतुष्टि। हर बार आपका इतिहास शिक्षक बोलता है

इस निश्चित क्षण में, वे एक गहरी सांस लेते हैं और आप

कसम खा सकते हैं कि वे एक आंसू रोक रहे हैं। क्या वे हो सकते हैं

जो हो सकता था उस पर वापस सोचें। जीवन की तरह, विचार

संक्षिप्त भी हैं।

एमएलकिंग जूनियर

मुझे लग रहा है कि आज रात मेरा अंतिम भाषण है

क्या मैंने वह सब कुछ किया है जो मैं कर सकता हूँ और उन सभी को छुआ है जिन तक मैं पहुँच सकता हूँ

मेरी आंखें उन सभी को पुकार रही हैं जो मेरी प्रार्थना को समझ रहे हैं

सभी जरूरतमंदों के लिए मेरा दरवाजा खुला है, बस मांगना महत्वपूर्ण है

मुझे लग रहा है कि आज रात मेरा अंतिम भाषण है

आप जो भीतर हैं उसके लिए एक दूसरे से प्यार करें, यही सब मैंने सिखाने की कोशिश की है

जब कोई इस धरती को छोड़ता है तो उससे पूछा जाता है कि यह तुम्हारे साथ क्या है, तुम लाओ

आज रात वह रात है जब मैं जीवितों के बारे में चलता हूं

उम्मीद है कि पृथ्वी पर शांति हो, मैं मार्टिन लूथर किंग हूं

डेविड रैंडोल्फ काल्डवेल
16

MLKjr पर मेरे विचार।

कुछ साल पहले मैं मार्टिन की जीवनी देख रहा था

लूथर किंग जूनियर मैंने इसके अंतिम 15 मिनट पकड़े। मुझे याद

इतनी गहराई से कि कैसे उनकी बेटी ने उन्हें बोलते हुए देखने की बात कही

उनकी मृत्यु से पहले की रात। उसने अपनी मृत्यु को कैसे देखा

उसकी आँखों के भीतर। वह पल बस (हर बार मैं सोचता हूं

डॉ किंग) मेरे सिर में फैल गया। यह जानने के लिए कि आप कभी नहीं करेंगे

अगली बार अपने प्रियजनों से मिलें। को

यह जान लें कि आपके पिता आपके पास कभी वापस नहीं आएंगे, यह कठिन है

और समझने के लिए गहरा। राजा, एक आदमी जो अतीत में है

बहुत से लोगों ने जो सोचा था उसे हासिल करने के लिए हजारों लोगों का नेतृत्व किया

असंभव था फिर भी वह जानता था कि यह उसकी ओर ले जाएगा

गुजर रहा है। मुझे लगता है कि सवाल यह है कि क्या उसका सपना रहा है

अमेरिकी लोगों के लिए हासिल किया?

17 विसंगति संवाद

एक महिला को सुबह, दोपहर और शाम क्या चाहिए

सुबह

एक सज्जन जो धीमे नाजुक चुंबन के साथ सुप्रभात मंत्र देते हैं, उसके नरम चमड़ी वाले फ्रेम के चारों ओर नृत्य करते हैं, बाद में फ्रेंच अनुवाद *(*बॉन मैटिनी*)* बोलते हैं। काम के लिए तैयार होने से पहले सुबह में स्पंज बाथ जांघ की मालिश और चीज़ ऑमलेट का नाश्ता

दोपहर

एक सज्जन ने अपनी महिला को लंच के लिए सरप्राइज दिया। बिना किसी शब्द के उसका अभिवादन करें, बस एक लंबा, पूरी तरह से बंद आँखों वाला मीठा चुंबन। पार्क में एक पिकनिक में एक सफेद गुलाब की पंखुड़ियों से ढका हुआ कंबल, पास्ता *(*बिना हाथ के, वह उसे चूमने के बीच में खिलाता है*)* और सफेद शराब के दो गिलास होते हैं जो दोपहर के भोजन के समय को काफी अच्छा बनाते हैं।

शाम

एक सज्जन जो उसकी परवाह करता है, अवधि। वह दिन भर के काम के बाद उसकी खोज के लिए कविता को बिस्तर पर छोड़ देता है। दो सुगंधित कैंडल लाइट डिनर *(*चॉकलेट केक खिलाना अगला है*)* के लिए फ़िले मिग्नॉन, राइस पिलाफ और वाइन, इसके बाद एक त्वरित स्नान और एक लंबा *(*तेल या लोशन, उसकी पसंद*)* मालिश चिकित्सा क्षण, अंत में क्वाट्रे जौज़ के कुछ घंटे, क्वात्रे जौएज फोर प्ले के लिए फ्रेंच है

डेविड रैंडोल्फ काल्डवेल

राजनीति

दो चेहरे वाले *100* वादे करते हैं,

1000 बच्चों को चूमो और ईमानदार पर एक लाख मील की यात्रा करो करदाता पैसा।

मैं राजनीति को समझने का नाटक नहीं करता।

अभी वोट दें, बाद में निराश हों, मैं वादा करता हूं।

विस्मयादिबोधक अंक

जीवन अच्छे, बुरे और कुरूप से निपटने के बारे में है
जब लोगों की बात आती है और सबसे अच्छी बात यह है कि इसे अनदेखा करें
आंतरिक बदसूरत के दृष्टिकोण, बुरे के साथ महत्वपूर्ण रूप से निपटते हैं &
अच्छे के सभी पहलुओं को गले लगाओ

मैं

मुझे स्पष्ट, प्रत्यक्ष और टू द पॉइंट रहने दें.. मैं लोगों को एक देता हूं
सचमुच मेरे बुरे पक्ष पर आने का मौका। तब मुझे कोई फर्क नहीं पड़ता
भगवान आपकी दाहिनी ओर थे, यीशु आपकी बाईं ओर थे और
देवदूत उपर थे। वे क्षमा करने और देने वाले प्रकार हैं
दूसरी संभावना
          नहीं कर सकता

हवा में सांस लेने के लिए जीना है, जीने के लिए वह होना है जो आप मन हैं,
दिल और आत्मा, उस विशेष स्वतंत्रता का न होना है
दूसरे जो महसूस करते हैं, उसके आगे झुक जाओ जो तुम्हारा जीवन है
के बारे में और वह नहीं है जो मैं चाहता हूं, जो मैं चाहता हूं वह स्वतंत्रता है

साँस लेना

डरना

मैं एक ऐसे देश में रहता हूँ जो दिन में तीन बार भोजन देता है, एक छत, एक बिस्तर,
मुफ्त चिकित्सा, मुफ्त दंत चिकित्सा उन लोगों के लिए जिन्होंने हवा निकाल दी है
मासूमों के फेफड़े, फिर भी मैं गरीबों को देखता हूं
अखबारों में खुद को लपेटो (जिन्होंने कभी किसी को नुकसान नहीं पहुंचाया।)
आत्मा) सर्दियों के दौरान मध्यरात्रि चांदनी के बाद
पार्क, मुझे आश्चर्य है कि क्या आप मुझे बता सकते हैं कि हम कहाँ गलत हो गए?

क्या हम बेसहारा और कम पर ज्यादा पैसा खर्च करने से डरते हैं
उन पर जिन्होंने हमारा नुकसान किया है?

मैं एक ऐसे देश में रहता हूं जिसने जाहिर तौर पर ए से फैसला किया है
(नैतिक) सर्वोच्च न्यायालय के दृष्टिकोण में वर्षों लग जाते हैं
लोगों का जीवन जब यह संबंध रखता है कि वे खुद को कैसे संचालित करते हैं
यौन रूप से चाहे वह विपरीत लिंग के साथ हो (एक सफेद और
दूसरा काला, आदि) या वही लिंग जो गलत है उसे ठीक करने के लिए
राज्य दर राज्य, फिर भी इसके बजाय सबसे आगे क्या होना चाहिए
नजरअंदाज किया जा रहा है यह बीमार अपमानजनक उपचार
कुछ मालिक और उनके पालतू जानवर?

डर *(जारी)*

क्या हम इस अहसास तक आने से डरते हैं कि ये
अंतर हम इन वास्तविक मानव के बीच देखते हैं
हालाँकि, अंतरंग स्तर पर प्राणी जीवन का एक तरीका है
कुछ लोगों और पशु क्रूरता के बीच का अंतर
क्या यह वास्तविक सच्चा अपराध है?

मैं एक ऐसे देश में रहता हूं जो इस पर प्रश्नचिन्ह लगाता है
महिला ने कुर्सी अर्जित की है या नहीं
विषय में स्वयं के लिए विकल्प बनाने की गोल मेज
पुरुष के समर्थन के साथ या उसके बिना वे क्या करना चाहती हैं
सचमुच उनके अपने जीवन के साथ। यह पुरुषों के वोट लेता है
एक महिला को वह अधिकार दें *(कुछ महिलाओं के पास होना चाहिए
जन्म के समय)* इस जीवन में अपनी नियति बनाने के लिए, क्यों?

इस पर चलने वाले प्रत्येक व्यक्ति की देखभाल के *9* महीने
धरती, महिलाओं के लिए हर तरह से, आकार या रूप में समानता,
गंभीरता से, हम किससे डरते हैं?

स्सु

उस समय जब विन्सेंट वैन गॉग ने हवा में सांस ली... उन्होंने साथ दिया
एक देवदूत के मार्गदर्शन ने अभी तक कला के कई कार्यों का निर्माण किया
अपने जीवन काल में एक पेंटिंग बेची... मेरा सवाल हुआ करता था...
उसे क्या चल रहा है?

स्सु

छाया, सन्नाटा और असामान्य पदार्थ ने प्रदान किया
समय का उत्तर, भविष्य के दिमाग को बेहतर ढंग से तैयार करेगा
अतीत के सामान्य ज्ञान में क्या कमी है
बुद्धिमानों के दिमाग

स्सु

समय-समय पर बोलना, ऑरसन वेल्स ने स्वयं का मूल्यांकन किया
नागरिक केन कला के उस काम से जिसे हर फिल्म वर्ग कहता है
सिनेमा जादू का खाका, फिर भी उसके कई साल बाद
निधन हो गया और उसके लिए सुनने की सीमा से बाहर हो गया
इसे सुनना, क्या यह इसके लायक था?

स्सु

23   विसंगति संवाद

एसएसयू (जारी)

ईमानदारी, गंभीरता और निर्विवाद ज्ञान
बशर्ते समय का उत्तर दिमाग को बेहतर ढंग से तैयार करेगा
भविष्य के साथ क्या कमी है आम में
बुद्धिमान लोगों के पिछले दिमाग की भावना

स्सु

गैरी वेब ने सीआईए के नशीली दवाओं के व्यापार का पर्दाफाश किया ...
अन्य ..अश्वेतों की तर्कहीन मौत के अलावा, जहां
सत्य को दफनाने की व्याख्या है जो प्रकाश में आता है
(अधिक या कम) उसकी (माना) आत्महत्या के बाद, दो गोलियां
वास्तव में?

स्सु

मौन , उदासी और असमान मान्यता हो ...... भगवान लानत है,
कोई बात नहीं

स्सु

मेरी राय में

मेरी राय में.. एक अच्छी महिला को सफेद गुलाब मिलेगा
आश्चर्य से, एक घर का बना रात का खाना (ले जाने के बाद
वेलकम मैट) या डोर टू डोर सर्विस बहुत अच्छी है
रेस्तरां (शायद एक ग्रील्ड चिकन सीज़र सलाद) / चॉकलेट
डूबा हुआ स्ट्रॉबेरी दो गिलास के साथ दो के बीच साझा किया गया
इस पल का आनंद लेने के लिए सुगंधित मोमबत्तियों के साथ एक कोने में
शराब।

मेरी राय में .. एक अच्छी महिला को एक लंबा स्पंज स्नान मिलेगा
सुगंधित मोमबत्ती की रोशनी से। इसके बाद सिर से पैर तक कोकोआ
मक्खन
(महिलाओं की पसंद का तेल या लोशन) शरीर की मालिश। नग्न नृत्य
आधी रात को गाने के लिए ~ स्टैंड बाई मी ~

मेरी राय में .. एक अच्छी महिला एक वास्तविक चुंबन की हकदार है
अच्छा आदमी, .. मतलब ..हनी डूबा हुआ चखने वाला लिप लॉकिंग
बिना किसी कारण के डीप फ्रेंच किस/आई टू आई कॉन्टैक्ट
जिसकी आप परवाह करते हैं उससे दूर / रोशनी बंद करें, चालू करें
जुनून इस प्रकार शुरू होता है

मेरी राय में (जारी)

मेरी राय में.. एक अच्छी महिला को उसके कम्फर्ट जोन में रखा जाएगा
उसके शरीर पर एक दर्जन या इतनी सारी तारीफों से नहीं
अन्य पुरुषों से सुविधाएँ लेकिन उसकी अंतिम प्रशंसा
आदमी (वर्षों पहले मिले पहले दिन से जारी)
..उसका ध्यान केवल उसके (दिमाग, शरीर) तक सीमित रखते हुए
& आत्मा)

मेरी राय में.. एक अच्छी महिला बाद में अपने बिस्तर पर वापस लेट जाएगी
अपने आदमी को एक गहरा चुंबन प्राप्त करना / देना और बहुत गहरा पूछना
प्रश्न (जिसके उत्तर में समय लग सकता है)... और क्या
क्या आप बिना हाथ के कर सकते हैं? (अनुरोध के अनुसार उसका उत्तर दें
क्रिया शब्द नहीं)

मेरी राय में.. एक अच्छी महिला को बस एंजॉय करना चाहिए
स्ट्रॉबेरी और व्हीप्ड क्रीम की आरामदायक शाम
एक अच्छे आदमी के साथ। यह सुनिश्चित करने के लिए कि कोई रुकावट न हो, हटा दें
सेल फोन से बैटरी। के साथ संध्या पूर्ण होती है
पूर्ण प्रकाश का आनंद लेने के लिए सफेद शराब के दो गिलास
चंद्रमा।

डेविड रैंडोल्फ काल्डवेल

मेरी राय में *(निष्कर्ष)*

मेरी राय में.. एक अच्छी महिला होनी चाहिए *(एक अच्छे आदमी द्वारा)*
दिन भर का स्पंज प्राप्त करते हुए कुछ कविताएँ पढ़ें
स्नान *(निश्चित रूप से बिस्तर में नाश्ते के बाद)*, उसके बाद
बर्फ के टुकड़ों का मिश्रण और बीच में नीचे नाचते हुए चुंबन
घर में बने खाने के बाद उसकी पीठ।

मेरी राय में.. ये शब्द एक अच्छी महिला से सुनेंगे
एक अच्छा आदमी .. आज .. चाहे वह फ्रेंच में हो ~ वोस मी
रेम्प्लिसेज़~, इटालियन~मि सी कम्पलीटा~ या स्पैनिश ~ उस्तेद मी
टर्मिना ~.. शब्द अलग लग सकते हैं लेकिन अर्थ
अभी भी वही है...अंग्रेज़ी ~ तुम मुझे पूरा करो~

वार्ता

शब्द बस इसलिए होते हैं कि जागृति पिन ड्रॉप हो
एक सोते हुए विशाल के कान

वार्ता

कविता आपकी रीढ़ में द्रव का संचार है चाहे आप
इसे गले लगाओ या अनदेखा करो इसका असली इरादा आप पर निर्भर है

वार्ता

एक वाक्य सुखद सभी चीजों की कुंजी का निर्माण है
या शैतानी

वार्ता

जिसे कभी एक पैराग्राफ माना जाता था वह अब सिर्फ एक है
कम अर्थ के साथ व्याख्या का संग्रह और
कम करके आंका वर्णानुक्रम बोलने वाला चित्रण
कोई वास्तव में क्या कहना चाहता है

वार्ता

कार्टो

हर सुबह जब मैं उठता हूं तो मैं अपना कार्टो निकोलो पढ़ता हूं
मैकियावेली का द प्रिंस, मेरा कार्टो मुझे मार्गदर्शन प्रदान करता है
जब यह समझने की बात आती है कि प्रोफेसर क्या प्रयास कर रहे हैं
कहने के लिए

मैं कौन हूँ

कई बार मैं अपने कार्टो से विभिन्न मदों को साफ करता हूं जब
समय इसके लिए कहता है। जब मैं छोटा था तो मेरा कार्टो क्या था
ऑस्कर वाइल्ड और वॉल्ट व्हिटमैन जैसे कवियों ने मुझसे बात करने में
मदद की

मैं कौन हूँ, मैं क्या हूँ

मेरा कार्टो कई भाषाओं में अरबी, लैटिन, स्पेनिश
मुझे अपने शब्दों का बेहतर उच्चारण करने की कुंजी दी
पाया कि अपने आप को पूर्ण रूप से अभिव्यक्त करने के लिए मेरे कार्टो का
प्रयोग किया है
आवश्यक हो जाना

मैं कौन हूं, मैं क्या हूं, क्या मुझे फर्क पड़ता है

लेखक

स्पष्ट, बहुत उज्ज्वल श्वेत पत्र, कई पंक्तियाँ

अजीब तरह से पॉलिश किया हुआ फिर भी खाली भूरा टेबल, टेबल लाइट
जैसे चाँद चमकता है

स्याही काली हो या नीली इससे कोई फर्क नहीं पड़ता, रंगीन कलम

खिड़कियाँ बंद हैं, दरवाज़ा बंद है, कमरा ध्वनीरहित है,
समय कम है शुरू होना चाहिए

शांत बैठो, इधर-उधर मत दौड़ो, अपने विचारों को इधर-उधर भटकने दो

फिर से करें, अनकॉर्क करें, बने रहें और फिर एक पूर्ण वाक्य का समापन
करें या
भोर से पहले दो

किताब

तुम निश्चल बैठो

मैं तुम्हें घूरता हूं

तेरी खामोशी से मेरा मुंह गीला हो जाता है फिर भी तू बोलती है
संस्करणों

मेरी निगाहें तीव्रता से आपकी पंक्तियों पर जाती हैं

एक-एक शब्द के बाद मेरे चेहरे पर से भाव सहजता से निकल जाते हैं

एक विचार मात्र से मेरा मन तुम्हारे वस्त्र उतार चुका है
स्वादिष्ट सिर्फ शीर्षक पढ़ने के बाद

हां, निसंदेह मैं सिर्फ देखने का आनंद लेते हुए दिन बिता सकता हूं
आप, मुझे क्षमा करें क्योंकि मैं पढ़ना जारी रखता हूं

धर्म

ये कौन लोग हैं जो महसूस करते हैं कि यह दुनिया बनाई गई है
दिनों में नहीं वर्षों में?

आप किस प्रकार के व्यक्तियों को महसूस करते हैं कि आप ए से पढ़ते हैं
बाईबल कि सब ठीक हो जाएगा?

क्यों एक धार्मिक विश्वास ही कुछ परिवारों का एकमात्र तरीका है?
विश्वास है कि वे एक दूसरे के साथ संवाद कर सकते हैं?

कैसे धर्म इतने सारे लोगों को मदहोश कर देता है जब
यह समझ में आता है?

यह सारा धार्मिक अलगाव वास्तव में कब शुरू हुआ?

इन सब से दूर होने के लिए कोई कहां जा सकता है?

जब भी धर्म की बात आती है तो मेरे पास सिवाय और कुछ नहीं है
बिना उत्तर वाले प्रश्न अक्सर ज़ोर से आश्चर्य करते हैं, क्यों?

एडगर एलन पो

जब मैंने यह लिखा था तब मैं मौसम के अधीन था

इसके प्रभाव में यह अधिक पसंद है, हम और कहां इकट्ठा कर सकते हैं

मैं कौन हूं इसका कोई महत्व नहीं है

यह मैं अच्छी तरह जानता हूं, दूरी बनाए रखना

क्या अधिक समय तक रहता है, मेरा जीवन और नाम या प्रकाशित कार्य
और उसका शीर्षक

आप पहाड़ों पर अपना नाम चिल्लाते हैं लेकिन काम कब
मीलों की यात्रा प्रकाशित हो चुकी है।

कहाँ गए सब दीये, अब मैं नहीं हूँ

मैंने अपने पक्षी विचार लिखे हैं, अब शायद आप खोल सकते हैं
दरवाजा

मेरे विचार एडगर एलन पो

पेपर कट, नुकीली पेंसिल, लंबे समय तक देखने की अवधि
खिड़की से बाहर, पार्क में चलता है, नोटबुक और पेंसिल नहीं
बहुत दूर। पैंट घुटनों तक बढ़ गया, नंगे पांव एक में चलता है
नदी। देर रात तक खुद से बातचीत, उसे रिकॉर्ड करते रहे
कागज़। एक विचार पाने के लिए शुद्ध नरक की रातों को पढ़ने के लिए
नीचे रख दिया जाता है
इसका इरादा है। तैयार उत्पाद के बारे में परिवार का कोई सदस्य जो
सोचता है, उससे संतुष्ट नहीं होना। बारिश, ओलावृष्टि, गंदगी, बर्फ तब
तक मायने नहीं रखती जब तक कि यह आपकी एकाग्रता के साथ
खिलवाड़ नहीं करती। प्रेम करना, साहचर्य अप्रचलित हो जाता है, मुझे
अपने शब्दों के लिखित समूह को समाप्त करने दें। एक ओर मैं कहता हूं
कि यह इस एक व्यक्ति का वर्णन करता है, दूसरी ओर ऐसा लगता है कि
यह सामान्य रूप से लेखकों का वर्णन करता है।

डेविड रैंडोल्फ काल्डवेल

जेडी सालिंगर

बस मुझे अपने लिए एक पल दो

मेरे पहले प्रकाशित उपन्यास कला के काम के साथ मैंने बनाया

साक्षात्कार और बेशुमार दौलत के अनुरोधों की बौछार

अब अनुमति के साथ-साथ अनुमान के तहत नहीं लिया गया

कथित तौर पर मेरी किताब के बारे में विस्तार से पूछे जाने पर मैं कोई जवाब नहीं देता

अपनी दिशा में देखते हुए, इससे पहले कि मैं एक कोने में डूब जाऊं, मुझे लगता है
विशिष्ट

बरसों पहले मैंने एक किताब लिखी थी जिसके कई टुकड़े चखे गए हैं विनम्र पाई की तरह

जंगल की आग की तरह लगने वाला ब्याज जल्द ही नहीं लगता है यह बुझ जाएगा

मेरे विचार जद सालिंगर

कुछ साल पहले मैंने यह किताब खरीदी थी, लेकिन जैसे ही मैं इसे उठा रहा था, एक परेशान व्यक्ति ने यह बताना चाहा कि किताब एक समय प्रतिबंधित थी। तो इस व्यक्ति को ऊपर और नीचे देखने के बाद। मैं फिर किताब खरीदने जाता हूं। रास्ते में मैंने फिर उसी व्यक्ति से पूछा कि प्रतिबंध का कारण क्या है? याद नहीं कर सकता मुझे प्रदान किया गया एकमात्र उत्तर है। तो जिसमें मैंने तब जवाब दिया कि न तो मुझे कोई कारण याद आ रहा है कि क्यों नहीं लाना है
यह किताब आज मेरे साथ घर पर है, अलविदा।

डेविड रैंडोल्फ काल्डवेल

36

देखना

आपको एक महिला को पुरानी आंखों से देखना चाहिए.. मुझे अनुमति दें
विस्तृत करने के लिए.. उसे ऐसे देखें जैसे वह आपसे *30* साल बड़ी हो
देखिये आपके सामने, हम सब पर फीकी नज़र आती है इसलिए उसे
नज़रअंदाज़ करना स्वाभाविक है
सुंदरता। उसके मन, हृदय और आत्मा में कुछ खोजो
जो आपको उसके साथ *(ईमानदारी से)* रखती है .. समय के अंत तक।

मेरा हमेशा से मानना रहा है कि जुनून की शुरुआत तलाश से होती है
मन, एक दूसरे के ढोल की धीमी धड़कन
दिल और शब्दों का सच्चा आदान-प्रदान जो आत्मा को छू जाता है लेकिन
ऐसा केवल एक बार किसी के अपने जीवनसाथी की खोज के साथ हो
सकता है
और मित्र क्षेत्र अन्य सभी के लिए है, एक के परीक्षण के लिए जीवन बहुत
छोटा है
पानी दूसरी तरफ।

कठिन

आपको मुस्कुराना मुश्किल है क्योंकि आप नहीं रहे हैं
आज बहुत मुस्कुरा रहे हैं

आपको चूमना मुश्किल है क्योंकि आप महसूस करते हैं कि आप योग्य
नहीं हैं
ऐसे सरल सुखों का

आपको गले लगाना मुश्किल है क्योंकि आप पीछे हट सकते हैं..कारण *a*
व्यक्ति वास्तव में आपको वह स्नेह दिखाता है जिसके आप वास्तव में
हकदार हैं

आपसे प्यार करना मुश्किल है क्योंकि आप इसके आदी नहीं हैं
आदमी बाद में आपकी तरफ से रहना चाहता है

यह समझना मुश्किल है कि आप एक खूबसूरत महिला हैं
अंदर और बाहर..लेकिन एक दिन आप इसे अंत में प्राप्त करेंगे

मूंगफली

चार्ली ब्राउन नाम के एक थोड़े गंजे छोटे लड़के की यादें
अगर मैं उसे फिर से घड़े के टीले पर देख पाता तो एक आंसू छलक जाता

पेपरमिंट पैटी को चूमा नहीं जाना देखने के लिए एक और यूरोपीय यात्रा

स्मार्ट गधे को देखते हुए लुसी को एक चुंबन का कुत्ता चेहरा मिलता है

फ्रेंकलिन समुद्र तट पर एक अच्छी कहानी सुनाते हुए वाक्पटुता से बोल रहा है

बुकिश मार्सी ने अपनी आँखें घुमाईं और हां सर को जवाब दिया
पुदीना पैटी

लिनुस उन सभी को चकमा देने के लिए बैठा है जो उसके कंबल के लिए खतरा हैं

स्नूपी ने अपने कुत्ते के घर को सीधे हिट से भरा तब तक उड़ते हुए हवाई जहाज इतने अच्छे नहीं लगते थे

यह देखना वास्तव में अच्छा होगा कि चक अपनी दुर्घटनाग्रस्त पतंग उड़ा रहा है

मैं चार्ली ब्राउन को फुटबॉल को आंखों से ओझल होते हुए देखना चाहता हूं

कभी-कभी वे कहते हैं कि जितना दिखता है उससे कहीं अधिक आपके लिए है

फिर भी मिस्टर शुल्त्स कहाँ हैं, जो आकाश में स्वर्गदूतों के लिए मूँगफली खींच रहे हैं

मूंगफली पर मेरे विचार

13 फरवरी, *2000* मेरे लिए एक अजीब दिन था। में देखता हूँ
कॉमिक्स अनुभाग और यह चार्ली ब्राउन और गिरोह की अंतिम मूल
कहानी प्रतीत होती है। रिटायर होने की आवश्यक आवश्यकता की चुपचाप
घोषणा करना कुछ ऐसा था जिसने कई दिल तोड़ दिए
दुनिया भर में। लेकिन सम्मानपूर्वक, मैं कारणों का सम्मान करता हूं,
हालांकि मुझे दुख है कि अब कोई मौलिक सामग्री नहीं होगी। ठीक है, ठीक
है मुझे लगता है कि मैंने इसे एक से अधिक बार उठाया है और इसने मुझे
काफी दुखी किया है। तो मैं बस इतना ही कहूंगा कि स्नूपी *(और गिरोह)*
लंबे समय तक जीवित रहे।

टुकड़ा

आरेखण मौलिक है

रात के मध्य में ठंड लगने से व्यक्ति निराशा में जाग जाता है

मेज की ओर देखता है, कुछ बाहर खड़े होने की जरूरत है

घंटों पहले मैं बैठ गया और एक शिकारी के बाद एक शिकारी की तरह पीछा किया

कोने की मेज की दिशा में चलते हुए, आशा है कि मुझे इसका पछतावा नहीं होगा

पत्नी और बच्चे को कोई फर्क नहीं पड़ेगा मैं जो कर रहा हूं वह एक बाहरी चित्र बना रहा है
परत

गोल मेज की दिशा में कुर्सी को धकेलने से मुझे मदद मिलेगी
उस पर ध्यान केंद्रित करो

किसी के जीवन का चित्र बनाते समय पेंसिल काम आती है
पॉलिश से लेकर जूते की चमक तक

क्रंब पर मेरे विचार

अपने पिता के नक्शेकदम पर चलने की यह छोटी उम्र है। लेकिन इससे भी महत्वपूर्ण बात यह है कि यह एक तरह से अच्छा है (दूसरों के लिए आश्चर्य की बात है) कि एक महिला अपने स्वयं के चरित्रों के साथ एक पिता की छाया से बाहर आती है। क्या वह अपने पिता की खुद पर बनी डॉक्यूमेंट्री से प्रभावित थीं? क्या उसने उसे अपनी गोद में बिठाया और उसने देर रात तक उसे सपने में देखा?

अकेला फिर से

दुनिया को संभालने में बहुत कुछ लगता है

मुश्किलें हमेशा सामने आती दिखती हैं लेकिन फैसले होते हैं
बनाया जाना

हर दिन आप कोशिश करने वाले पलों से निपटते हैं

आज के पाठ आपको के नाटक के लिए तैयार करते हैं
आने वाला कल

मैंने कभी भी आज से ज्यादा अकेला महसूस नहीं किया लेकिन मैं प्रबल
रहूंगा

सेब

कभी किसी को छुरा घोंपने का दूसरा मौका न दें
पीठ में। यदि वह व्यक्ति एक बार गड़बड़ कर देता है... तो यह पसंद है
एक भयानक अपराध करना इस प्रकार आपकी असीमित पहुंच है
मैं कौन हूं, मैं क्या हूं, शांत माहौल मेरे अंतरिक्ष में होने और उसके बाद होने
वाली रोमांचक यात्रा आपके लिए बंद कर दिया गया है ... अब आप दूसरी
बार काटने के लायक नहीं हैं 🍎सेब।

रविवार

रविवार की सुबह

कल सारी रात, हम साल्सा नाचे तो हां, तुम देर से सोए, धीरे-धीरे मैं तुम्हें गीले चुंबनों से नहलाता हूं

सिर से पाँव तक, लंबे फ्रेंच चुंबन चुने हुए नम स्थानों को कवर करते हुए, आपको बाथरूम तक ले जाने का समय

गुलाब की पंखुड़ियों के साथ सुखाने के लिए आड़ू के स्वाद वाला डव बॉडी वॉश स्पंज बाथ आपका इंतजार कर रहा है

एक क्षण, शुरू करने से पहले मुझे तरबूज की सुगंधित मोमबत्ती जलाने दें

रविवार दोपहर बाद

आपको एक सफेद गुलाब, कोल्ड कट्स के साथ-साथ माइक की बर्फ और नींबू पानी परोसा जा रहा है

निकट भविष्य में आपको एक झलक देने के लिए, अपने होठों पर एक आइस क्यूब रगड़ें

रविवार *(निष्कर्ष)*

रविवार दोपहर बाद

एनवाईजी फुटबॉल या क्रिमिनल माइंड्स के सीज़न का सिक्का फ्लिप विकल्प, निश्चित रूप से बाद में

आपके शरीर के बाकी हिस्सों में *(2 घंटे)* के बाद, आपकी पीठ के बीच में बर्फ के टुकड़े

रविवार रात

साटन की चादरों पर चांदनी में छाया बॉक्सिंग निकट भविष्य में है

स्पेनिश चावल, अनुभवी ग्रिल्ड चिकन, कच्चा प्याज और उबली हुई ब्रोकली जो मैंने आपके लिए बनाई है

बाद में हम शयन कक्ष के रास्ते में *Sade~live~* पर धीमी गति से नृत्य कर सकते हैं

चुंबन के बीच में चॉकलेट से ढकी स्ट्रॉबेरी परोसी गई *(जैसा कि मैं आपके ऊपर झुकता हूं)।*

कामसूत्र की एक किताब मेरे बिस्तर के पास पड़ी है

लिंग

लिंग, वर्णानुक्रम में बोल रहा है कि *2 मिनट (कुछ)* और *4*
घंटे लंबे *(कई अन्य)* के बीच समय की एक्रोबेटिक अवधि
दो लोग।

सेक्स वह अतार्किक व्यवहार है जिसे लोग तब प्रदर्शित करते हैं जब रोशनी
होती है
बाहर जाओ।

सेक्स वह जिज्ञासु दूसरा विचार है जिसे कुछ महिलाएं अनुमति देती हैं
एक सफेद गुलाब के समापन के बाद उनके मन को पार करने के लिए
भरा हुआ, कैंडललाइट डिनर, समय-समय पर झुका हुआ, सफेद शराब
और मेरेंग्यू मध्यरात्रि प्रकार की शाम।

अच्छा सेक्स वह चीज है जिससे सपने बनते हैं, सेक्स वह है
दो दिमागों का गहरा जुड़ाव आमतौर पर आपके कपड़े उतारने से होता है।

सेक्स गहरी बातचीत का भविष्य है, वर्तमान तरीका है
कामुक संचार और हम सब कैसे अतीत के भीतर है
शारीरिक रूप से हमारे बिंदुओं को प्राप्त करने के लिए उपयोग किया जाता
है।

जब सेक्स की बात आती है तो बहुत अच्छी लहरें उठती हैं।

जो लोग प्रेम करते हैं उनके लिए सम्मोहक समय बीत जाता है
एक और।

आदर्शवादी सेक्स एक भ्रम है जिसके बारे में एक कुंवारी लड़की के विचार
होते हैं

उसकी शादी की रात हो रहा है।

सेक्स *(निष्कर्ष)*

सेक्स वह है जिसके बारे में कोई अपनी पत्रिका में लिखता है कि क्या यह अच्छा है या बुरा।

कामसूत्र कुछ ऐसा है जो सोचते हैं कि वे इसके बारे में जानते हैं
सेक्स, जब ललकारा एहसास वे वास्तव में कुछ नहीं पता।

सेक्स और प्यार करने में बहुत बड़ा अंतर होता है।

रात आमतौर पर सेक्स के लिए सबसे अच्छा समय होता है क्योंकि दिन के दौरान
लोग हमेशा देख सकते हैं कि आप क्या कर रहे हैं।

अपने से अलग किसी के साथ सेक्स का आमतौर पर मतलब होता है
तुम खुले विचारों वाले हो।

निजी तौर पर, चुपचाप, सम्मानपूर्वक, अकेले और सोच-समझकर
सेक्स करने का आमतौर पर मतलब होता है कि इसमें दो वयस्क शामिल हैं।

असंभाव्य, जीवंत, जानबूझकर, युवा लोग
सेक्स के *xaxis* तरीके से खुद को उत्साहपूर्वक संचालित करें
इन दिनों, पर्याप्त सेक्स टॉक के साथ।

डेविड रैंडोल्फ काल्डवेल

विंसेंट वान गाग

जंगल की आग की तरह उसकी खोपड़ी के चारों ओर लाल रंग के निशान
घूमते हैं

बर्फीली नीली आंखें जो एक परी को जीवन में ला सकती हैं और एक नन दे
सकती हैं
इच्छा

पीली गोरी त्वचा के साथ पहली नज़र में वह एक खाली कैनवास जैसा
दिखता है

आवाज ज्वालामुखी बोलते समय, पेंट की तरह फट जाती है *a*
सतह

के पंखों को रंगने के लिए कोमल हाथों से धन्य
तितली

अद्वितीय विचार जो त्यागने के लिए स्वर्ग में डुबकी लगाते हैं *a*
एक भगवान की आँखों में झाँकना

विन्सेंट वान गाग पर मेरे विचार

बहुत समय पहले, मुझसे पूछा गया था कि क्या मैं करना जारी रखूंगा जीवन में कुछ ऐसा है जिसे करने में मुझे खुशी मिलेगी लेकिन कि इसमें कोई मुनाफा नहीं होगा। उस समय मेरे पास नहीं था जवाब दें क्योंकि यह कुछ ऐसा था जिसके बारे में मैंने कभी नहीं सोचा था। सबसे लंबे समय तक मुझे सिखाया गया था कि जीवन की शुरुआत और अंत सभी शक्तिशाली डॉलर के साथ होता है। एक बिजनेस एडमिनिस्ट्रेशन मास्टर डिग्री क्षितिज पर लग रहा था। विचारों की बौछार महंगे कैवियार, ब्लैक लिमो और हज़ार डॉलर के सूट की बाढ़ आ गई मेरा मन। फिर एक रविवार की दोपहर जिसमें कैप्पुकिनो से भरा एक कप शामिल था और विन्सेंट मिनेल्ली निर्देशित, किर्क डगलस ने अभिनय किया चित्र ने जल्द ही जीवन पर मेरा दृष्टिकोण बदल दिया। मैंने एक आदमी को बड़ी दूरियां तय करते हुए देखा, लेकिन अपने काम से कोई फायदा नहीं हुआ

मृत्यु तक पहुँचने पर वह अनिवार्य रूप से (केवल पेंटिंग द्वारा प्राप्त) अपने भीतर पूर्ण और साथ ही संपूर्ण महसूस करने की भावना रखता है। मैंने महसूस किया कि जीवन में डॉलर और सेंट के अलावा भी बहुत कुछ है। पूरी तरह से महसूस करने के लिए जीवन की खोज की जानी चाहिए और अंततः इसका अर्थ यह पता लगाना है कि आपके पक्ष में भौतिकवादी परिणाम / वापसी के बिना अंततः आपके लिए इसका क्या अर्थ है।

डेविड रैंडोल्फ काल्डवेल

हावर्ड ह्यूजेस

मुझे जमीन, हवा और समुद्र में महिलाओं का पीछा करना याद है

मेरा दिमाग कभी-कभी अनियंत्रित हो जाता है

मानसिकता मैं दूसरों से अलग महसूस करता हूँ, नहीं मैं ठीक महसूस करता हूँ

अगर आप मेरे होंगे तो मैं फिलाडेल्फिया खरीदूंगा

मुझे पतंग से भी ऊँचा उड़ाओ लेकिन किस हैसियत से

हवाई जहाज बस इतना होता है कि भविष्य और मेरी विशेषता है

ऐसा लगता है कि अच्छे विचार के एक से अधिक तरीके हैं

दिमाग बर्बाद करने के लिए एक भयानक चीज है, इसलिए मैंने सुना है

जब फिल्म निर्माण की बात आती है तो मैंने अपनी खुद की सेंसरशिप बनाई है

स्टूडियो दुर्घटनाग्रस्त हो जाते हैं, फिर भी जो बचा है वह मेरा है
ले रहा

बिल्ली की खाल निकालने का एक तरीका है, चीजों को सोचने के *9* तरीकों के साथ

RKO साम्राज्य का पतन, एक डाकू की तरह मैं अभी भी समझ गया

51 विसंगति संवाद

हॉवर्ड ह्यूजेस पर मेरे विचार

पहले, ***6*** फीट लंबा, काली आंखें, क्लीन शेव, चैपलिन जैसी मूंछें, डबल ब्रेस्टेड ब्लैक सूट, स्टर्लिंग सिल्वर वॉच, दूर, साफ होने का डर, छूने से हिचकिचाहट,
उसके बाद, ***6*** फीट लंबा, गहरी लाल आंखों वाला, दाढ़ी वाला, बिना धुले, गंदे पज, नं
समय का ऐसा ज्ञान, एक अँधेरे कमरे में घिरा हुआ, होश खो बैठा।

अलविदा

एक बार गलती होती है, दो बार आपके चरित्र में दोष होता है

कभी-कभी मैं माफ करने को तैयार हूं लेकिन भूलने के लिए तैयार नहीं हूं

एकल व्यक्ति, एक बार वह समय है जिसे आपने पार कर लिया है
मन

कुछ ऐसे हैं जो खुले विचारों वाले हैं और कुछ ऐसे भी हैं जो आगे स्थिति पर
चर्चा करने को तैयार नहीं हैं, इस प्रकार विषय बंद हो गया है

दयालुता के यादृच्छिक कार्य उन लोगों की आदत प्रतीत होते हैं जो
न्यूनतम विचार के लिए खुले प्रतीत होते हैं

दृष्टि से ओझल, मेरे दिमाग से हटा दिया गया, आत्मा की गहराइयों से दूर
हो गया और उतर गया, अब आप मौजूद नहीं हैं

पहला कदम सबसे कठिन होता है

कदम, सब कुछ कदम है... खुद को ठीक करने के लिए समय निकालें और समझें कि आप कौन हैं...

आगे कदम..किसी ऐसे व्यक्ति से बात करने के लिए समय निकालें जिसे आप महसूस करते हैं...आप जिस दौर से गुजरे हैं उसके लिए सम्मान कर सकते हैं...वर्तमान में आप किससे निपट रहे हैं और आपके दिल के लिए क्या मायने रखता है।

संचार के उस द्वार के माध्यम से कदम ... किसे व्यक्त करना आप... उस व्यक्ति को धीरे-धीरे यह जानने दे रहे हैं कि आप क्या हैं...

मन (काव्यात्मक अभी तक आकर्षक विचार), शरीर (भौतिक से अधिक मेरे लिए) और आत्मा (वास्तव में मुझे देखने के लिए समय निकालें) ...

सब कुछ कदमों के बारे में है

आप वाइल्डफ्लावर के कार्यों की व्याख्या कैसे करते हैं?

मेरे करीब आओ मुझे अपनी आंखें देखने दो

एक गुबरैला की हरकतों पर दया करो

यह नहीं जानता कि क्या आपको परेशान करना शुरू कर देता है

ध्यान दें कि प्रत्येक स्पर्श के साथ आपके हाथ के रोंगटे खड़े हो जाते हैं

कीट के आकार के बावजूद

मार्गदर्शन

जीवन तब शुरू होता है जब आप उस व्यक्ति बनने के लिए अतिरिक्त प्रयास करते हैं जिसकी नियति ध्यान देने योग्य है, कभी भी दूसरों को आपका मार्गदर्शन न करने दें जब आप एक सपने को वास्तविकता में नेविगेट करने में सक्षम होते हैं।

मेरा नाम स्टेनली कुब्रिक है

13 साल की छुट्टी के बाद *2* साल तक एक फिल्म की शूटिंग की

मेरा नाम स्टेनली कुब्रिक है

सिर्फ एक तस्वीर लेने के लिए शैली डुवैल की गांड के नीचे आग लगा दी
सही प्रदर्शन

मेरा नाम स्टेनली कुब्रिक है

एक शक्तिशाली निर्देशक ने एक महाद्वीप से दूसरे महाद्वीप में उड़ान
भरी
चाय और बातचीत के लिए

मेरा नाम स्टेनली कुब्रिक है

मेरी पहली मुख्यधारा की विशेषता पर मांग की गई है कि कैमरा
जब तक मैं इसकी दिशा में सांस नहीं लेता तब तक यह हिलता नहीं है

मेरा नाम स्टेनली कुब्रिक है

40 साल में *13* फिल्में डायरेक्ट कीं, सारी अच्छी चीजें उन्हीं को मिलती हैं
जो प्रतीक्षा करें
मेरा नाम स्टेनली कुब्रिक है

मौत में भी आंखें मूंद लें, मैं गुजर गया, मुझे फाइनल कट मिला, आशा है
कि आप सराहना करेंगे

स्टेनली कुब्रिक पर मेरे विचार

कुछ किलर किस का नाम लेने के लिए, द किलिंग, पाथ्स ऑफ ग्लोरी, ***2001:*** ए स्पेस ओडिसी, स्पार्टाकस, ए क्लॉकवर्क ऑरेंज, डॉ. स्ट्रांगेलोव या: हाउ आई लर्न टू स्टॉप वरीइंग एंड लव द बॉम्ब, द शाइनिंग, फुल मेटल जैकेट, लोलिता & आइज़ वाइड शट यदि किसी भी तरह से आप फिल्मों से प्यार करते हैं लेकिन अभी तक स्टेनली कुब्रिक के ***13*** फिल्म संग्रह में से इनमें से कोई भी चित्र *(*या अधिक*)* नहीं देखा है। मेरा सुझाव है कि एक कोने में टहलें, घुटने टेकें, अपना गला काट लें और अपने दिन समाप्त कर लें। दुनिया को अब तुम्हारी कोई जरूरत नहीं है, इससे ज्यादा कुछ कहने की जरूरत नहीं है।

युक्ति

कभी-कभी पीछे हटना सबसे अच्छा होता है... अपने परिवेश में गायब हो जाते हैं... वह करें जो आपको करने की आवश्यकता है और फिर जीवन की अधिक चुनौतियों का सामना करने के लिए बेहतर तरीके से तैयार होकर उभरें।

दैनिक ग्रह

हर दिन का वादा नहीं किया जाता है लेकिन आप जो कर सकते हैं उसे करने के लिए बुद्धिमान बनें आपको दिए गए दिनों के साथ।

मार्ग

कुछ लोगों के बारे में दुख की बात यह है कि वे अपने बारे में सोचने के बजाय भीड़ के पीछे चलना पसंद करते हैं और *(आखिरकार)* अपना दिमाग खुद बनाते हैं ... इस तरह सफलता की ओर अपना रास्ता खुद बनाते हैं

दर्शकों को हटा दें *(अंतर्मुखी)*

मैं बगल के कमरे में प्रकृति और दिव्य आवाजों की तुलना में अपने नग्न शरीर की नरम आवाज़ें अपने शयनकक्ष में चलने की बजाय सुनूंगा।

मैं

जब मैं बाकी दुनिया के लिए दरवाजा बंद करता हूं, तो मैं अंदर ही अंदर चिल्लाता हूं मेरा दिल, मेरा दिमाग "यूरेका"...क्योंकि खुद से..मैंने पाया है मेरा खुशी का स्थान

पूर्वाह्न

मेरी आत्मा के उद्धार के बारे में कुछ है जो लाता है
यह पूरा घेरा है.. जब मेरे बाहरी खोल *(दूसरों के लिए)* तक पहुंच है
विशेष रूप से काट दिया

एक

मुझे कैबिनेट की चरमराहट पसंद है, *a* से पानी की आवाज़
नल का गिरना, माचिस की तीली जैसे प्रकाश का निकलना या
मेरे शब्दों के कड़वे स्वाद की तुलना में जबरन छोड़ना
मेरा मुंह जैसा कि मैं किसी को नमस्कार करता हूं *(मेरे चेहरे पर मुस्कान देखें)*
अवास्तविक

अंतर्मुखी

डेविड रैंडोल्फ काल्डवेल

जेम्स डीन

एक बच्चे के रूप में जब ट्रेन रुकी

वह अपनी माँ के ताबूत की जाँच करने के लिए दौड़ा

एक ज्वालामुखी किशोर ईडन के पूर्व की खोज करता है

एक दस्ताने वाली महिला का चेहरा जो उसकी मां बन जाती है

शब्दों की मुखर व्यवस्था में निहित आत्मीयता
उसे एक प्रतिभाशाली कक्षा छोड़ने में सक्षम बनाया

थोड़े समय के भीतर इन क्रियाओं को दोहराया नहीं जाएगा
एक और

1440 मिनट एक आदमी के जीवन में एक अनंत काल की तरह लगते हैं
विद्रोही
बिना किसी कारण के

लाल जैकेट को कवर के रूप में उपयोग किया जाता है, जब बुलेट का
वजन भारी होता है हाथ

जेम्स डीन *(निष्कर्ष)*

जब पुरुष एक दूसरे के लिए बाहर देखते हैं

साफ फेंके जाने के बाद खुद को उठाते हुए, एक युवक
एक टूटे हुए कार दुर्घटना दृश्य को देखता है

एक युवक के नाजुक शरीर को तुरंत जीवन ने छोड़ दिया
डीन नामित

एक रैंच हैंड को बड़ी मात्रा में संपत्ति दी जाएगी
बेचने की तुलना में गंदगी और तेल पर चोक करें

या ऐसा लगता है कि जायंट, एक ऐसी भूमिका जो इससे बेहतर नहीं हो
सकती   थी जेम्स डीन के अलावा किसी के द्वारा खेला गया

डेविड रैंडोल्फ काल्डवेल

64

जेम्स डीन पर मेरे विचार

1931 में जन्मे, 8 फरवरी 90 वें होते
जेम्स डीन का जन्मदिन, मुझे याद है कि उनकी मृत्यु हुई थी
कल की तरह एक कार दुर्घटना में उम्र 24। शायद इसलिए कि यह है
की तुलना में मरने का इतना अलग अभी तक निर्दोष तरीका है
अमेरिका के भीतर मेरे साथी युवाओं। शायद यह इसलिए है क्योंकि जल्द ही
मैं 46 साल का हो गया हूं और मैंने (उम्र के लिहाज से) उस दिग्गज को पीछे
छोड़ दिया है, जिसे मैं देखता था।
जेम्स डीन नाम मात्र से ही व्यक्ति के भीतर जादू हो जाता है
ध्यान रखें कि वह और क्या हासिल कर सकता था या पूरा कर सकता था
वह अधिक समय तक जीवित रहा। वह मार्लन ब्रैंडो या की तरह जंगली नहीं है
मोंटी क्लिफ्ट जैसे रोते हुए कलाकार की मनमौजी लेकिन वह है
दोनों के बीच में कहीं। इतना छोटा लड़का हार गया लेकिन साथ ही
तीन फिल्में (ईस्ट ऑफ ईडन, रिबेल विदाउट ए कॉज एंड जाइंट) उन्होंने
लाखों की संख्या में दर्शक मिले जो साक्षी बन सकेंगे
जिसे हम कलाकार उल्लेखनीय प्रदर्शन कहते हैं। जाहिर करना।
आदमी के लिए थोड़ा सम्मान और काम का छोटा शरीर
दुनिया को दिया। मैंने समय निकालकर एक कविता लिखने का फैसला किया
जो उनके निजी जीवन और फिल्म कला के क्षणों में परिलक्षित होता है।
उनकी मृत्यु के एक साल बाद, एल्विस को एक साक्षात्कार में बताया गया कि वह
अगला जेम्स डीन हो सकता है। फिर भी आप जानते हैं कि उन्होंने इसमें
क्या कहा प्रतिक्रिया" मुझे नहीं लगता कि मैं कभी भी श्रीमान की जगह ले सकता हूँ।
डीन "। कोई भी सच्चा शब्द इससे बेहतर नहीं हो सकता था

कोई भी लेकिन राजा, देर आए दुरुस्त आए...खुश
(देरी से) आपको जन्मदिन, जेम्स बायरन डीन।

65 विसंगति संवाद

डैरेन एरोनोफ़्स्की

आंख के बदले आंख से अंधेरा छा जाता है

पीआई ने किनारे कर दिया था

जो कुछ आप देखते हैं वह सब वैसा नहीं होता जैसा लगता है

एक के लिए *Requiem* के बाद भीतर से भावनात्मक आँसू का अनुभव करें
सपना

दुख की बात है कि वैसी प्रतिक्रिया नहीं होगी

द फाउंटेन के वैज्ञानिक कार्यों को एक तरफ रख दें

डेविड रैंडोल्फ काल्डवेल

डैरेन एरोनोफ़्स्की पर मेरे विचार

आप कभी किसी ऐसे रास्ते पर चलते हैं जो ऐसा लगता है कि यह अंत में जलाया गया हो लेकिन जैसे-जैसे आप पथ पर और नीचे चलते हैं, यह अभी और लंबा होने लगता है पथ के दोनों ओर अंधेरा है और अंत नहीं है ऐसा प्रतीत होता है कि प्रकाश मौजूद है। प्रकाश आपकी कल्पना का एक अनुमान मात्र था। वास्तव में उजाला नहीं था, हर समय अंधेरा था लेकिन जब आप अपने पीछे मुड़कर देखते हैं कि आप किस रास्ते पर थे चलना भी अब मौजूद नहीं है। केवल रास्ता है आगे इसलिए आप तब तक चलते रहें जब तक आप अंत तक नहीं पहुंच जाते.. फिर भी अब आप जानते हैं कि आपके आगे कोई प्रकाश नहीं है, पीछे कोई रास्ता नहीं है चारों ओर अंधेरा।

शतरंज जीवन है

अपने विरोधी को कभी भी (सीधी प्रतिस्पर्धा) के बारे में न समझाएं
आपकी सबसे हालिया शतरंज की चाल (जीवन का फैसला), बस बने रहें
बोर्ड पर घूरना (आईज ऑन द प्राइज) फोकस
प्यादों को खत्म करना (आपके जीवन में अनावश्यक लोग),
बिशप को पकड़े हुए कबूतर (अपने दुश्मनों को पीटते हुए)।
गाजर), बदमाशों को पकड़ना (वॉर चेस्ट बनाना),
रानी के लिए वर्तमान सीमाएँ (लड़की को बेहतर तरीके से सौंपें
विकल्प) राजा को गतिरोध करते हुए (कोई जगह नहीं दें
सांस लें) अंततः एल आकार के कमरे से काले रंग में जा रहा है
मैकियावेलियन राजकुमार के लिए शूरवीर।

अर्थलिंग

मुझे अक्सर याद दिलाया जाता है कि भले ही हम घूमते रहते हैं
यह ग्रह मानो हम अजेय हैं ... यह ठंडी गतिविधियाँ करता है
बिना आत्मा वाले व्यक्ति का... एक खोया हुआ दिल और एक बहुत ही
अनुपयोगी *(उनकी सोच के साथ)* मन की तरह.. मुझे वापस धरती पर
लाने के लिए...

पिकासो/पेंट

आप कभी भी बस एक कमरे में चलते हैं और अपनी आंखें बंद कर लेते हैं

अपने लिए सोचा कि यह एक कमरा है जिसमें रोशनी नहीं है

कल्पना कीजिए कि अगर आपने अपनी आंखें खोलीं, तो आप बेहतर पहचान पाएंगे

दरवाजा, दीवार, छत हां, आपके दिमाग को इसकी कोई जरूरत नहीं है
आश्चर्य

अब झांकना नहीं, धिक्कार है कि बिना कमरा कैसा दिखता है
रंग

ज़रा सोचिए कि क्या आपके पास व्यक्तिगत आत्म अभिव्यक्ति का कोई तरीका नहीं होता

यह एक पाठ में सिखाई गई नीली अवधि की तरह ताजी हवा की सांस है

साफ़ आसमान देखने के लिए, आपको नज़दीकी खिड़की से बाहर देखने की ज़रूरत है

पाब्लो नाम के आदमी के बिना एक कलात्मक दुनिया कहाँ होगी?

डेविड रैंडोल्फ काल्डवेल

पिकासो पर मेरे विचार

पृष्ठभूमि काले रंग के दो रंगों की होती है। अगला
आप जिस चीज को नोटिस करते हैं वह पूंछ है (ए से धुएं की तरह दिखती है
ज्वालामुखी) एक बैल से जुड़ा हुआ घूम रहा है। मुड़ा हुआ सिर
बैल की अगली दृष्टि आप देख रहे हैं। ऊपर की ओर झुके हुए आप देखते हैं
मृत्यु के बाद देवताओं को श्राप देती एक महिला का सिर
उसकी गोद में बच्चा। उसके नीचे एक महिला का हाथ है
उसकी गोद में बच्चे की मौत के बाद देवताओं को श्राप देना।
उसके नीचे एक लाख खरोंच का हाथ पड़ा है। तब आप देखते हैं
एक टूटा हुआ, भाला चिल्लाता हुआ घोड़ा एक आदमी पर कदम रख रहा है
जिसके दूसरे हाथ में टूटी हुई तलवार है। एक घर
यह अब सभी लोगों को नहीं रखता है जहाँ दो सिर टिके होते हैं
हाथ में मोमबत्ती की रोशनी में हिंसा देखने निकले
लेकिन एक पैर दरवाजे में रखते हुए। ऊपर से ऐसा लगता है
घर में आग लगी है फिर भी एक जवान चीखती हुई लड़की है
ध्यान देने के लिए केवल एक ही है, जो आप आगे देखते हैं वह वह है
ज्योति से अपने घर को अकेला छोड़ने की विनती कर रही है। ग्वेर्निका

शब्द

शब्द चाकू की तरह होते हैं जब आप सच्ची जीभ से बोलते हैं...
आप कच्चे भावों का रचनात्मक वातावरण बनाते हैं जो
कुछ मामलों में टूट जाता है, दूसरों के भीतर क्षतिग्रस्त हो जाता है और पूरा हो जाता है जब काव्यात्मक रूप से स्वतंत्र विचारों वाले व्यक्तियों के संबंध में
कल की, आज कल की निगाह से।

डेविड रैंडोल्फ काल्डवेल

एक चुंबन का मेरा विचार

हम्म्...एक चुंबन एक ऐसी चीज है जो मुझे बहुत गहरी लगती है, मेरा मतलब दो है

लोग धीरे-धीरे एक दूसरे की दिशा में आगे बढ़ रहे हैं, फिर धीरे से,

एक धीमी गति से चलने वाली गति में कभी भी हल्के से स्पर्श करें, आप चुपचाप

एक दूसरे के होठों के स्पर्श को महसूस करें जैसे गुलाब की पंखुड़ियाँ गिर रही हों

पानी के एक तालाब पर आपके होंठ धीरे-धीरे एक दूसरे पर गिरते हैं

इससे पहले एक बेदम पल में आपको दूसरे तक बिछड़ना होगा

समय।

73 विसंगति संवाद

इसे ज़ोर से बोलो

जब भी आपका सामना किसी ऐसे व्यक्ति से होता है जो बताता है आप..

नहीं, आप अपने लक्ष्यों/सपनों/आकांक्षाओं को पूरा नहीं करेंगे

आंतरिक चक्र को कुछ और सिकोड़ने का समय..आपको इसकी आवश्यकता नहीं है
आपके जीवन में ऐसे लोग

अगर वे आप पर *(पहले दिन से)* विश्वास नहीं करते हैं तो क्या बकवास है क्या वे आपके आसपास कर रहे हैं

इसे जोर से कहो *(अपने आप से)*

डेविड रैंडोल्फ काल्डवेल

धन

सामने के कवर पर सफेद पुरुषों के साथ कागज के हरे टुकड़े।
कुछ लोगों की जड़ बुराई और कारण बहुत से लोग कर पाते हैं
सिर पर छत रखना। भूख शांत करने का एक ही उपाय है
पेट का। कारण संख्या एक बैंक टेलर क्यों करते हैं
प्रारंभिक कब्रों में समाप्त करें। जो सपने देखते हैं उनका कम्फर्ट जोन
बड़ा। एक बात छोड़ दी लेकिन वे जो आगे देखते हैं
शांति वाहिनी जैसे समूह। जीविकोपार्जन का एक मात्र साधन
कड़ी मेहनत करना है और जो आप ईमानदारी से कमा सकते हैं वह अर्जित
करना है। एक बड़ा
लोगों का एक हिस्सा जो चाहता है उसे चुराने की आवश्यकता महसूस
करता है
और जितनी जल्दी हो सके दौड़ें। बिना जीवन कैसा है
डॉलर का बिल, मुझे नहीं पता?

वर्साचे

आप एक नेक दिल प्यारे सज्जन थे

काश आप मेरी होने वाली पत्नी को समय-समय पर कपड़े पहना पाते

कुछ लोग कहते हैं कि सादगी हमारे नीचे के सभी लोगों का कार्य है

मैं कहता हूं कि आपका ध्यान एक महिला के कपड़े पहनने की दिशा में था
सुनहरा स्पर्श

आपके द्वारा किए गए कई डिज़ाइनों को बहुत चालाक माना जाता था

हम आपको आज, कल और हमेशा याद करेंगे

वर्साचे पर मेरे विचार

मैंने खुद से कहा कि मुझे इसे सरल रखने की जरूरत है। मेरा मतलब है कि मैं कभी नहीं मिला
वह आदमी व्यक्तिगत रूप से मैं कभी भी उसके किसी फैशन पर नहीं बैठा था
दिखाता है। मैंने कभी भी (अगर मेरे पास पैसे होते) किसी गर्लफ्रेंड को उसके कपड़े नहीं पहनाए
कपड़े, इसे सरल रखें लेकिन कुछ ने मुझे याद दिलाया
विदेशी दृष्टिकोण महिलाओं (जब उनके कपड़े पहने) ने दिया
जब उनके डिजाइनों में तैयार किया गया। जिस तरह से उन्होंने हमें छोड़ा वह उचित नहीं था।
मैं वह आदमी बनना चाहता था जो एक लड़की को ओरिजिनल लाए
वर्साचे पोशाक। लेकिन दुख की बात है कि मुझे वह मौका नहीं दिया गया। वह
उनके जीवन में परिवार से लेकर कई लोगों के लिए खुशियां लेकर आया
दोस्तों पहली बार उन्होंने किसी भी प्रकार पर अपनी नजरें जमाईं
पहली बार उसकी नजर किसी भी तरह के अजनबी पर पड़ी, उसने
उन सभी को कपड़े पहनाए और इससे वह खुश हो गया। उसने छुआ
बहुत से दिल, दिमाग और आत्मा से भरे सुई और धागे के साथ।
अब वह फरिश्तों को सफेद कपड़े पहना रहा है, मिस्टर वर्साचे
सुनिश्चित करें कि आप उन स्वर्गदूतों को सफेद पोशाक दें
एक विदेशी दृष्टिकोण, हम आप पर भरोसा कर रहे हैं।

गुरु

राख से राख और धूल से धूल मैं कब्र की तरह एमसी को नुकसान पहुंचाता हूं
खुदाई करने वाला मैं जंग से इंकार करता हूं, मैं खेल को विफल करने का इरादा नहीं रखता
अपनी शैली को ऊंचा करने की योजना वह है जो मैं दर्द को छिपाने के लिए करता हूं,
एक बार जब आप अपने और दूसरों के साथ अन्याय करते हैं तो मुझे गलत तरीके से पेश करना,
मैं की काव्य यात्रा की सौम्य प्रकृति के साथ बोलता हूं
असंबद्ध वर्णमाला, बकरी सूची में सबसे ऊपर ~गुरु~ ...
गति में ***requiescat***

डेविड रैंडोल्फ काल्डवेल

बंदूकें गुलाब

अपने फेफड़ों में आग लगाकर बंशी की तरह कलात्मक रूप से चिल्ला रहा है,
दृष्टिगत रूप से आकर्षक फिर भी अपने परिवेश के बारे में काव्यात्मक रूप से जागरूक एक्सल रोज़ की आवाज़ है

बंदूकें गुलाब

कभी-कभी अपनी पवित्रता बनाए रखने और बनाए रखने के लिए सबसे अच्छी चीज
लय की एक धार यह है कि सभी की ऊंचाई पर चले जाओ,
इज़ी स्ट्रैडलिन के गिटार पलों को पहचानें

मैं अपनी बंदूक की गोलियों को कठोरता से त्यागता हूं और तुम्हारा खून सुखाता हूं मेरे गुलाब के कांटों के साथ

सांसारिक स्वरों को संलग्न करने के लिए भावनात्मक रूप से सुसज्जित, गंभीर
द्वारा देखी गई एक डायबोलिक स्वादिष्ट ध्वनि के साथ ओवरटोन

कई अभी तक प्रमुख गिटारवादक स्लैश द्वारा बनाए गए हैं

बंदूकें गुलाब

बंदूकें और गुलाब *(जारी)*

बास वह सामान है जिससे सपने बनते हैं और बस हो जाते हैं
अखंड ज्योति प्रज्वलित करें जो डफ की विशेषता है
मैककागन

जाने का कोई और रास्ता नहीं है, मैं अपनी बंदूकों से जीता और गरता हूं
और गुलाब

स्टीवन एडलर ने रॉक एंड रोल करना शुरू किया लेकिन नशीली दवाओं का प्रयोग लगता है
उसके उत्थान पर रोक लगा दी है

जी एंड आर

यह ड्राइव, दंगा, की सार्वभौमिक विधि का लगाव है
ड्रम से चिपके रहें जिसने उसे बदल दिया, यह सब मैट के भीतर है
सोरुम

बंदूकें गुलाब

डेविड रैंडोल्फ काल्डवेल

मोजार्ट

ध्वनि क्या है

पियानो बजाने वाले एक मात्र बच्चे को पढ़ाने में दो सप्ताह
पूरी तरह से आंखों पर पट्टी के साथ

ध्वनि क्या है

मैं सिर्फ एक मार्गदर्शक हूं, आवाज स्पष्ट होनी चाहिए और आर्केस्ट्रा
जैसा कहा जाता है वैसा करता है

ध्वनि क्या है

नाटक, स्त्रियाँ, शराब और हँसी हवा के लिए हांफती है और
रहने की लागत बहुत अधिक कीमत

ध्वनि क्या है

एक आदमी मर रहा है, फिर भी अपनी पूर्णता से अधिक चिंतित है
अपने स्वयं के जीवन के परिणाम की तुलना में काम करें

ध्वनि क्या है

मोजार्ट पर मेरे विचार

वे कहते हैं कि संगीत लोगों को एक साथ लाता है। संगीत, क्या है
संगीत कुछ के लिए शोर है, दूसरों के लिए तुकबंदी है, एक सतत बूंद है
पानी या शायद एक चीख। वे कहते हैं कि संगीत लोगों को लाता है
साथ में। मुझे ऐसा क्यों लगता है कि इतने सारे लोग इस आदमी के यहाँ
इकट्ठे हुए हैं
घर?

मार्विन गाये

मैं तुम्हें अपने पूरे दिल से प्यार करता हूँ, क्या तुम नहीं जानते

जाने के लिए मेरे दो अनुष्ठानों *(दवा और प्रार्थना)* को करने में मेरी मदद करें
शो के साथ

माँ सूरजमुखी की तरह, तुम मेरे दिन को सागर की तरह रोशन करो
जो पृथ्वी को सेट करता है

आप वह कारण हैं जिसके लिए मैं यहां हूं, जिसके लिए आप जिम्मेदार हैं
मेरा जन्म

मेरे बच्चे, मैं तुम्हें पूरी तरह से महसूस किए गए सपनों के साथ सोने के लिए लेटाता हूं

मेरे साथ ललाट पर सूखे चुम्बन से तुम जागो
प्यार, आपको जीवंत महसूस कराता है

मैं चाहता हूं कि आप पिता को जानें, कि आपने मुझे बहुत पीड़ा दी है

लेकिन आपने जो किया है उसके लिए मैं आपको क्षमा करता हूं लेकिन मेरी आत्मा के लिए नहीं
कृपया मेरे लिए प्रार्थना करें

मार्विन गाये पर मेरे विचार

जब यह हुआ तब मैं काफी छोटा था। एक मासूमियत क्या थी
मेरे लिए पूरी तरह से ले लिया। खिलौनों से खेलना और पाना
कैंप से वापस पहली बार मैं लिविंग रूम में गया
और इसे स्टीरियो पर बजाते हुए सुना.. गाना चलो इसे चालू करें। मैं
उस रिकॉर्ड को ऐसे याद करो जैसे कल ही घर पर हो
एक आवाज में खुशी की एक सरल ध्वनि के साथ शांत हो जाता है
करने की क्षमता। कभी-कभी मुझे ऐसा लगता था जैसे बस उस पल के लिए
समय एक तरह से रुका हुआ है बस मुझे यह बताने के लिए कि महानता
होती है
प्रदर्शन किया। अब मैं घर से चला गया, अजीब काम किया
नौकरी और चेहरे के बाल बढ़ गए हैं फिर भी जब मैंने घर छोड़ा, आई
मेरे साथ रिकॉर्ड ले लिया। शायद दुनिया के अधिकांश खेलते हैं
सीडी और एक रिकॉर्ड डालने से परेशान नहीं होना चाहेंगे। लेकिन
मैं अभी भी इसे अपने डेस्क के नीचे रखता हूं क्योंकि देर-सवेर ऐसा होगा
एक क्षण हो और मैं उस रिकॉर्ड को बनाने और खेलने के लिए समय लेता हूं
चलो यहाँ से प्रारंभ करते हैं।

पिता

आप अपने फेफड़ों के शीर्ष पर क्यों चिल्लाते हैं, कृपया रुकें

क्या आप नहीं जानते कि आई लव यू डैडी

मेरे पॉप के गालों को चूमने के लिए उत्सुक हैं

क्या आपको नहीं लगता कि मैं आपसे प्यार करता हूं डैडी

गंदगी में फूल की तरह, मुझे देखभाल की ज़रूरत है, न कि क्रोध को भीतर बढ़ने की
पृथ्वी

क्या आप नहीं जानते कि मैं आपको हमेशा प्यार करता रहूंगा डैडी

मेरे जन्म के लिए केवल एक ही व्यक्ति जिम्मेदार है

क्या आप नहीं समझते कि आई लव यू डैडी

कृपया मुझे पीछे न धकेलें, मैं अब और पीछे नहीं हट सकता

क्या आप अब तक नहीं देखते हैं मैं आपसे प्यार करता हूँ डैडी

अब, बाद में, और हमेशा के लिए मैं आपको पिता की ओर देखता हूं

मुझे उम्मीद है कि अब तक आप देख चुके होंगे कि आई लव यू डैडी

यदि आप और अधिक चाहते हैं तो कृपया अनुसरण करें

कविता और विचार

https://davidrandolphcaldwell.substack.com/

विसंगति
संवाद

डेविड रैंडोल्फ काल्डवेल

बफंतास्मा *(इलस्ट्रेटर)*

Bfantasma एक ऐसा व्यक्ति है जो एक धर्मनिरपेक्ष दृष्टिकोण प्रदान करता है
कल्पनावाद। चित्रण करना रचनात्मक रूप से एक खालीपन को जीवंत करना है
कैनवास। वह अभी तक अनावश्यक निकालने की कला को क्षीण करता है
एक प्राकृतिक विशेषता अभिव्यक्ति के भीतर विसर्जित। वह
एक में दक्षिणी कनेक्टिकट राज्य विश्वविद्यालय में भाग लिया
अंतःविषय अध्ययन में एक प्रमुख के साथ समय।

डी माइकल्स कैंपबेल (उद्यमी)

डी. माइकल्स कैंपबेल कार्टा एंड चॉकलेट पब्लिशिंग, एलएलसी के मुख्य संपादक और प्रकाशक हैं। हिस्टोरिया विविफाई एक्सियोमैटिक, एलएलसी का एक उपखंड। उसके पास तुलना में एक पीलापन है, कोई भी वर्जित प्रकार का रवैया नहीं है जो सफल होने पर ध्यान केंद्रित करने के साथ फुटपाथ विचार प्रक्रिया के खिलाफ नंगे पोर में आप पर आंसू बहाता है। सब कुछ सर्वशक्तिमान डॉलर के बारे में नहीं बताता (या सभी को समाप्त कर देता है)। आपके दृष्टिकोण को शांत करने में उनकी बुद्धिमानी से यह पुस्तक कैसे बनी। वह वर्तमान में इतिहास में एक प्रमुख के साथ दक्षिणी न्यू हैम्पशायर विश्वविद्यालय (ऑनलाइन) में भाग लेता है।

डेविड रैंडोल्फ काल्डवेल *(संवाददाता)*

डेविड रैंडोल्फ काल्डवेल .... एक विसंगति है *(आंकड़ा जाना)* जिसमें कोई उक्त व्याकरण के निर्लज्ज वाक्य स्तरीकरण को प्रमाणित कर सकता है। बस थोड़ा सा कहना पसंद करते हैं, मूल रूप से इतना नहीं समझाते हैं। वह अपने जीवन में किए गए ईमानदार कार्यों के लिए स्पष्टीकरण *(विस्तृत या सरलीकृत)* देने में विश्वास नहीं करता है। जो लिखित पद्य और निकाले गए विचारों के संयोजन को इसके बजाय वॉल्यूम बोलने के लिए छोड़ देता है। उन्होंने न्यू हेवन, कनेक्टिकट में स्थित गेटवे कम्युनिटी कॉलेज में भाग लिया, जो संयुक्त राज्य अमेरिका के भीतर है। कुछ समय के लिए उन्होंने बिजनेस एडमिनिस्ट्रेशन में पढ़ाई की।

मैं इस बात से रोमांचित हूं कि कैसे शब्दों को असुविधाजनक रूप से वितरित किया जाता है, काफी मौलिक रूप से आदान-प्रदान किया जाता है, एक संग्रहालय में पिकासो की तरह प्रदर्शित किया जाता है ... केंद्र में, लाक्षणिक रूप से निकाला जाता है, कम भाग्यशाली को उपहार में दिया जाता है, दूसरों को विनम्रता से पॉलिश किया जाता है और तकनीकी रूप से अभी तक अनिवार्य रूप से मोहभंग पर जोर दिया जाता है। मेरे भीतर का हर तंतु। भले ही आज किताबों को अवशेष माना जाता है। मुझे अभी भी एक नए की महक प्राणपोषक लगती है लेकिन यह नए गद्य की वर्णमाला बस है जिसे मैं एक भेड़िये की तरह भक्षण करने के लिए उत्सुक हूं जो मुर्गी के घर में घूमता है ...

एक

दो

तीन

विसंगति
संवाद

डेविड रैंडोल्फ काल्डवेल